Jean Piat

C000088752

Vous n'aurez pas le dernier mot !

Petite anthologie désinvolte des plus belles reparties

Albin Michel

En guise de présentation

L'esprit a besoin d'un partenaire pour s'exercer. Dans cet échange dialogué, la repartie – qu'elle soit bienveillante, ironique ou cruelle – est un sommet. C'est le point culminant de la conversation : celui où l'on cloue le bec à un interlocuteur en lui ôtant la possibilité d'avoir le dernier mot.

Nous nous sommes amusés à escalader ce sommet.

Les reparties fleurissent dans les salons, les restaurants, les alcôves, les bureaux ou les antichambres du pouvoir, à la barre des tribunaux, dans les coulisses des théâtres… Notre choix est totalement arbitraire. Seul le plaisir du moment l'a inspiré. Et peut-être, aussi, cette réflexion de Sacha Guitry : « Citer les pensées des autres, c'est souvent regretter de ne pas les avoir eues soi-même ! Et c'est un peu en prendre la responsabilité. »

Jean Piat   **Patrick Wajsman**

Sommaire

Malice

"

L'honnêteté est la plus grande
de toutes les malices, parce que c'est
la seule que les malins ne prévoient pas.

Alexandre Dumas fils

À la fin d'un dîner organisé par Winston Churchill, le maître d'hôtel du héros de la Guerre présente la cave à cigares aux invités. L'un d'entre eux, sans le moindre scrupule, en prend cinq, les met dans sa poche et déclare :

— C'est pour la route !

— Merci d'être venu d'aussi loin, lui lance Churchill.

Le chansonnier et poète Albert Willemetz
avait presque autant d'esprit que son ami
Sacha Guitry. À la fin, c'est pourtant bien
Sacha qui aura le dernier mot. Il souffre
le martyre. Albert Willemetz se désole,
à son chevet :

— C'est affreux, pour un vieil ami
comme moi, de te voir dans
cet état.

— Dans ce cas, propose Sacha
d'une voix faible : fâchons-nous !

— Comment Monsieur de Talleyrand est-il devenu aussi riche ? demanda-t-on, un jour, à Aimée de Coigny.

Réponse de la duchesse :

— C'est tout simple : il a passé sa vie à vendre ceux qui l'avaient acheté !

Lettre enflammée de Victor Hugo
à Arthur Rimbaud :
« Poète admirable, je vous aime ! »
Réponse goguenarde de Rimbaud
à Hugo, par retour du courrier :
« Je sais que ce n'est pas facile,
mais tâchez de m'oublier ;
voyagez ! »

Sacha Guitry visite Georges Feydeau
à l'asile. Guitry est surpris qu'on
ne le libère pas. Le directeur
se justifie :
— Monsieur Feydeau est fou.
Ce matin encore, il parlait à un
oiseau !
Riposte de Guitry :

— Alors, monsieur, dans
ce cas, il faudrait interner
tous les poètes...

Une ravissante comédienne joue, dans un mélo, le rôle d'une amoureuse que son amant étrangle au dernier acte. La représentation terminée, un admirateur enthousiaste se présente dans sa loge.

— C'est bien vous qui avez été tuée dans la pièce, tout à l'heure ?

— Oui, pourquoi ?

— Je viens réclamer le corps !

Avant d'entreprendre une magnifique carrière de cocotte, la superbe Liane de Pougy était mariée au lieutenant Pourpre. Il la surprit en galante compagnie et lui tira un coup de revolver dans chaque fesse. Elle se précipite chez son médecin qui réussit à extraire les balles.

— Est-ce que cela se verra, docteur ?

— Madame, cela dépend exclusivement de vous.

Au milieu d'un dîner bien arrosé, un invité se vante auprès de Marcel Aymé :

— Moi, je me suis fait tout seul !

L'auteur de *La Jument verte* rétorque :

— Ah, monsieur, vous déchargez Dieu d'une bien grande responsabilité.

Nous sommes à Londres, pendant la Guerre. De Gaulle prie Churchill à petit-déjeuner :

— Disons à 7 heures, monsieur le Premier ministre.

Réponse grognonne de Churchill, à qui ce type d'horaire a toujours paru barbare :

— Pourquoi pas 6 heures, mon général ? Nous pourrions prendre notre douche ensemble !

Toujours en Grande-Bretagne.
Le général de Gaulle voit
s'avancer vers lui Churchill
vêtu comme un dandy :
— Mais c'est le carnaval
de Londres !
— Mon cher — répond
Churchill —, tout le monde
ne peut pas s'habiller en soldat
inconnu !

Au restaurant, Alphonse Allais
examine avec soin la carte et le
menu. Il finit par commander :
— Donnez-moi, pour
commencer… une faute
d'orthographe !
Le garçon, imperturbable, répond
du tac au tac :
— Il n'y en a pas, monsieur Allais.
— Alors, dans ce cas, pourquoi les
mettez-vous sur le menu ?

Il arrive que l'on dialogue avec l'Éternité…
À la mort de Gide, Roger Nimier envoie
à François Mauriac — qui redoutait
par dessus tout d'aller en Enfer —
le télégramme suivant :

« Enfer n'existe pas. Stop. Donne-toi du bon temps. Stop. Préviens Claudel. Signé : Gide. »

À l'occasion de son quatre-vingtième anniversaire, Winston Churchill pose pour la photo traditionnelle.

— J'espère, dit la jeune photographe, que je pourrai prendre, un jour, la photo de votre centenaire.

Churchill :

— Et pourquoi pas, mademoiselle, vous avez l'air en pleine forme !

Germaine de Staël vient de juger les différents
partis qui ont successivement gouverné
la France depuis le début de la Révolution.
Tout le monde applaudit. Bonaparte seul se tait.
Elle s'en aperçoit :

— Général, est-ce que vous n'êtes pas de mon avis ?

— Madame, je n'aime pas que les femmes se
mêlent de politique.

— Vous avez raison, Général ;
mais, dans un pays où on leur
coupe la tête, il est naturel
qu'elles aient envie de savoir
pourquoi.

La reine Marie Leszczyǹska, alors jeune
épouse de Louis XV, évoque les hauts faits
qui illustrent la noblesse française.
Elle demande à son écuyer, le comte
de Tessé :

— Et vous, monsieur de Tessé, votre
maison s'est-elle aussi distinguée dans
la carrière des armes ?

— Oui, madame, s'écrie Tessé, nous avons
tous été tués au service de nos maîtres !

— Comme je suis heureuse, reprend
la reine dans un sourire ironique, que
vous soyez resté encore un instant pour
me le dire…

On demanda un jour à Winston
Churchill ce qu'il pensait du dicton :
« one apple a day keeps the
doctor away » (littéralement :
une pomme par jour maintient
le médecin à distance ; c'est-à-dire :
rend le médecin inutile).
Churchill qui, comme chacun sait,
préférait le whisky aux fruits, riposta :
« C'est vrai, mais à
condition de bien viser ! »

Un jour que le ministre des Affaires culturelles, André Malraux, faisait découvrir de nouveaux aménagements du Louvre au Général, Yvonne de Gaulle s'exclama, un peu sottement :

— Ah ! Charles, quelle joie si nous pouvions avoir de telles œuvres à La Boisserie…

Et de Gaulle, sur un ton moqueur :

— Mais enfin, Yvonne, où voulez-vous que je trouve le temps de peindre ?

De retour d'un voyage en Haute-Volta et au Niger, fin décembre 1961, Jean Foyer, ministre de la Coopération, rapporte au Général que le président Maurice Yaméogo lui a déclaré qu'il était possible, et même souhaitable, de fédérer tous les États africains, et que la présidence de cette fédération devrait revenir à Dieu lui-même.
— Naturellement, j'imagine qu'il n'était pas sérieux, crut bon de préciser le ministre.

— Au contraire, c'est une très bonne idée, s'exclama de Gaulle. Ça évitera la concurrence !

La grande attraction du voyage de John Kennedy à Paris fut… la présence de Jackie Kennedy — sous le charme duquel tous tombaient. Tous sauf le Général, et la conversation languissait lors du dîner de bienfaisance. Histoire de meubler le silence, Jackie Kennedy s'élança bravement :

— Savez-vous, Général, que ma famille est d'origine française ?

— Figurez-vous que la mienne l'est aussi, Madame !

Le Général visite les lieux où s'étendra
un jour la ville nouvelle de Marne-
la-Vallée. À Noisiel, le maire tient
mordicus à s'entretenir avec
le président de la République.
On lui ménage un entretien.
— Mon général, il me faudrait une aide
de l'État, la chocolaterie Meunier
vient de fermer ses portes, j'ai
huit cents personnes à recaser…
— Ah bon, dit le Général, je note cela
sur mes tablettes.

Alexandre Dumas sortait de chez un ministre qui venait de le convier à sa table lorsqu'il rencontre un ami :
— Alors ? Comment s'est passé ce déjeuner ?

— Oh, fort bien, répondit Dumas, mais sans moi je m'y serais cruellement ennuyé.

Géo London fut un des célèbres journalistes d'assises de son temps. À la fin de sa vie, il couvrira les plus grands procès de la Libération. Mais la scène, cette fois, se passe avant la Guerre. Un petit matin à l'aube, Maître Guyonnet, dont on exécutait un client, avait des difficultés à franchir le service d'ordre massé sur le boulevard Arago pour contenir la foule (les exécutions, à l'époque, étaient publiques).

— Enfin ! Allez-vous me laisser passer ? s'exclame, furieux, l'avocat.

— Mais oui, laissez-le donc passer, crie London, témoin de l'algarade. C'est le fournisseur !

L'écrivain humoriste Art Buchwald est un épicurien, comme en témoigne son recueil de chroniques *J'ai choisi le caviar*. Un ami lui offre, un jour, un disque d'opéra de Puccini.

— Qu'avez-vous pensé de ce 33 tours ? questionne le donateur, un peu anxieux de son choix.

— Que ce disque est la plus jolie chose sur laquelle se soit jamais posée une aiguille depuis la dernière vaccination de Marylin Monroe…

Insolence

C'est le mot dont on qualifie
l'esprit des inférieurs quand on reste
à court de réponse.

Gilbert Cesbron

« Maître, pourriez-vous faire plus court ? » demandait, impatient, un président de tribunal à Albert Naud, qu'il trouvait trop prolixe. Sans s'émouvoir, celui-ci termina sa plaidoirie en quatre phrases.

Il désigna du doigt son client :

— Lui, innocent !

Puis la partie civile :

— Lui, méchant homme !

Puis le président :

— Toi, bon juge !

Et, en se rasseyant :

— Moi, fini !

Voltaire se promène avec un de ses amis lorsqu'un prêtre, portant le saint viatique, vient à passer.

Le philosophe ôte son chapeau.

— Vous seriez-vous réconcilié avec Dieu ? s'enquiert son compagnon de promenade, surpris de ce geste.

— Nous nous saluons, mais nous ne nous parlons pas.

Albert Simonin fut un des meilleurs dialoguistes du cinéma français. Qui ne se souvient de cette réplique de *Mélodie en sous-sol* :

— Ton père et moi, tu nous feras mourir de chagrin.

— Tant mieux ! Comme ça on ne retrouvera pas l'arme du crime.

À Vienne, Talleyrand avait battu au jeu monsieur de Metternich, mais il avait été battu par le comte de Palfy. Celui-ci, très fort joueur, avait gagné du prince de Liechtenstein, en une seule soirée, une somme assez forte pour faire construire et meubler son château. Le comte en fit les honneurs à Talleyrand et voulut connaître son avis.

— Alors, comment trouvez-vous la maison ?

— Pas mal, marmonna le diplomate, pas mal du tout pour un château... de cartes !

Quand on apprit, le 17 mai 1838, que Talleyrand était allé voir comment allaient les affaires de l'État dans l'autre monde, l'épigramme s'exerça de façon forcenée à Paris et dans toute l'Europe. L'irréductible ennemi de Napoléon, Charles-André Pozzo di Borgo, devenu serviteur du tsar Alexandre de Russie qui en fit son ambassadeur, ne fut pas en reste.

— Que dit-on de cette disparition ? le questionna Guizot.

— Vous ne le savez pas ? Le prince de Talleyrand a fait une entrée triomphale aux Enfers. Il a été fort bien reçu. Satan lui a même rendu de grands honneurs, mais en lui glissant à l'oreille : Prince, vous avez un peu outrepassé mes instructions…

— Sire, le prince de Talleyrand
est mort, annonce-t-on
à Louis-Philippe.
— Êtes-vous bien sûr qu'il
en soit ainsi ? C'est qu'avec
Talleyrand il ne faut jamais
juger sur les apparences,
et je ne vois pas quel intérêt
il pouvait bien avoir à mourir
en ce moment précis.

Louis XVIII n'était que défiance vis-à-vis de Talleyrand et souhaitait le voir s'éloigner de la Cour. Si bien qu'un jour, il l'apostropha en ces termes :

— Monsieur de Talleyrand, ne comptez-vous pas retourner à la campagne ?

— Non Sire, à moins que Votre Majesté n'aille à Fontainebleau ; dans ce cas, j'aurais l'honneur de l'accompagner pour remplir les devoirs de ma charge.

— Non, non, ce n'est pas cela que je veux dire : je veux savoir si vous n'allez pas repartir pour vos terres. À propos, combien y a-t-il de Paris à Valençay[1] ?

— Sire, il y a quatorze lieues de plus que de Paris à Gand[2].

1 Le château de Valençay, dans l'Indre, appartenait à Talleyrand.
2 C'est à Gand que Louis XVIII s'exila pendant les Cent jours.

Caterina Gabrielli, célèbre cantatrice italienne,
surnommée à juste titre la Coghetta, était venue chanter
à Saint-Pétersbourg en 1770 pour répondre à l'appel
de Catherine II. Lorsque vint le moment de fixer
les honoraires, la chanteuse exigea de la tsarine
un cachet fabuleux de cinq mille ducats d'or pour deux
mois de « bel canto ».

— Je ne paye sur ce pied-là aucun de mes feld-
maréchaux, trancha l'impératrice.

— En ce cas, répondit la Gabrielli,
Votre Majesté n'a qu'à faire
chanter ses feld-maréchaux.

Né en 1754, noble rallié à la Révolution, Claude François de Malet fit une honnête carrière militaire jusqu'en 1807, année où il fut destitué. Comme plusieurs vétérans des armées républicaines, il avait vu avec répugnance la prise du pouvoir par Bonaparte en 1799, puis le passage du Consulat à l'Empire héréditaire.

En 1812, alors que Napoléon était empêtré dans l'hiver russe, Malet décide de passer à l'action. Le 23 octobre 1812, il se présente à la caserne Popincourt pour y annoncer aux soldats la mort de l'empereur et l'instauration d'un gouvernement provisoire. Après avoir délivré plusieurs détenus politiques, il tente de prendre le contrôle du commandement de la 1re division militaire de Paris. Mais là, deux officiers le capturent, mettant fin au coup d'État. **. . .**

••• La répression fut particulièrement aveugle.
Vingt-quatre suspects furent déférés devant un
Conseil de guerre. Malet s'y défendit avec courage,
plaidant pour ses coaccusés qu'il dégagea de toute
responsabilité en revendiquant hautement la
sienne.

— Puisque vous prétendez qu'ils sont innocents,
dites-nous le nom de vos vrais complices !

— La France entière, et vous-même, monsieur
le président… si j'avais réussi ! répondit sobrement
le général, qui fut fusillé dans la nuit même.

Le polémiste Henri Rochefort ne dételait jamais. Napoléon III se remit difficilement de sa fameuse apostrophe : « la France compte 35 millions de sujets, sans compter les sujets de mécontentement ». De telles insolences lui valaient une grande familiarité avec les tribunaux. Il fut découvert un jour avec une arme sur lui alors qu'il s'apprêtait à participer à l'audience d'un procès où il était convoqué pour répondre de ses écrits. Le président, furieux de cette découverte, l'interroge :

— Voudriez-vous nous dire qui vous aviez l'intention d'assassiner à présent ?

— Conclusion hâtive, monsieur le président. Permettez-moi d'en apporter la preuve : j'ai en ce moment sur moi tout ce qu'il faut pour commettre un attentat à la pudeur… or je vous assure que l'idée ne m'en effleure même pas !

Autodérision

Je me presse de rire de tout,
de peur d'être obligé d'en pleurer.

Beaumarchais

Alexis Piron (1689-1773), comme chacun sait,
« ne fut rien, pas même académicien », selon l'épitaphe
qu'il rédigea pour lui-même. S'il ne le fut point, il le dut
en partie à *L'Ode à Priape*, écrite en sa jeunesse, un texte
scabreux qui lui ferma de nombreuses portes sa vie
durant. Sur le tard, il était devenu presque aveugle.
Une de ses nièces, qui l'aidait à marcher, le promenait
un jour aux Tuileries. À peine avaient-ils fait quelques pas
que les promeneurs se mettent à rire en se poussant
du coude.
La nièce jette les yeux sur la toilette de son oncle
et comprend rapidement d'où viennent ces sourires
moqueurs.
— Mon oncle, lui dit-elle, tout le monde nous regarde…
cachez votre… histoire.
— Ah ! mon enfant, reprend Piron en se boutonnant,
il y a bien longtemps que cette histoire-là n'est plus
qu'une fable.

Fontenelle réussit à peu près tout dans sa vie, mais il ne put atteindre un but ultime : parvenir à l'âge de cent ans. Il s'en fallut de quelques semaines. Le jour de son quatre-vingt-dix-huitième anniversaire, l'une de ses amies, proche de son âge, soupire :

— J'ai l'impression que Dieu nous a oubliés…

— Chut ! Il pourrait nous entendre.

Chacun sait qu'Arletty eut pendant l'Occupation une longue idylle avec un officier allemand. À la Libération de Paris, la police l'interroge. Une fois sortie du commissariat, un journaliste goguenard sort de la foule et l'interpelle :

— Alors, comment vous sentez-vous ?

Arletty, songeuse :

— Pas très résistante...

Dès ses débuts à la scène, Mary Marquet est remarquée autant pour son talent que pour sa stature fort imposante. Elle a aussi beaucoup d'esprit.

Au commencement de sa carrière, ce n'est pourtant pas elle qui a le dernier mot :

— Je suis chargée de vous doubler, annonce-t-elle en rougissant à la titulaire du rôle d'Athalie.

— Me doubler ? lui rétorque celle-ci en la jaugeant, c'est plutôt me tripler que vous voulez dire !

À quatre-vingt-dix-huit ans, Fontenelle restait toujours vert, par le corps et l'esprit. Au cours d'une soirée, il se précipite pour ramasser à terre un éventail qu'une belle vient de laisser tomber. Malgré quelques difficultés à se baisser, il souffle avec fierté :

— Veuillez m'excuser, madame, je n'ai plus quatre-vingts ans.

Conversation entre Louis XVIII et Talleyrand :
— J'admire votre influence sur tout ce qui s'est
passé en France. Comment avez-vous fait pour
abattre d'abord le Directoire et, plus tard,
la puissance colossale de Bonaparte ?

— Mon Dieu, Sire, je n'ai
vraiment rien fait pour cela.
C'est quelque chose
d'inexplicable que j'ai en moi :
je porte malheur
aux gouvernements qui me
négligent.

Lors de son soixante-quinzième anniversaire, en 1949, Winston Churchill croule sous les hommages venus du monde entier. L'âge n'a pas encore affaibli ses capacités intellectuelles, ni son goût pour une autodérision toute britannique.

À sa fille qui lui demande pourquoi il bougonne malgré ces signes de sympathie innombrables, le grand homme rétorque, songeur :

« Je me sens prêt, quant à moi, à affronter le Créateur. Mais lui, est-il vraiment préparé pour cette terrible épreuve ? »

Dans les années 1930, Tristan Bernard
commit l'imprudence de prendre la
direction d'une salle, le théâtre Albert Ier,
rue du Rocher — devenu, depuis, le Théâtre
Tristan Bernard. Il y tint cinq ans. Mais
le succès ne fut point au rendez-vous.
Tristan avait même coutume d'appeler
son lieu « le Sahara Bernard ».
Quand on lui demandait une place
de faveur, il répondait :
— Mille regrets, mais je ne donne que des
rangées entières. Et il ajoutait gentiment :
— L'endroit est désert, venez armé.

Henri Duvernois, auteur de théâtre un peu oublié, ne parvint jamais à imposer son nom au firmament de l'art dramatique. Il ne manquait pourtant pas d'une certaine ironie.

— Je suis allé voir votre pièce hier, lui dit un ami de passage.

— Ah ! répond tristement Duvernois, c'était vous ?

On peut rapprocher ce mot d'un constat de Marcel Achard. À une admiratrice enthousiaste qui lui confiait :

— Cher Maître, je ne rate jamais une de vos pièces !

— Moi si, hélas, chère madame, rétorqua l'académicien en souriant.

L'année 1981 fut rude pour les grands de ce monde. Sadate assassiné au Caire, le pape victime d'un attentat place Saint-Pierre. Il n'est jusqu'à Ronald Reagan qui manqua d'y passer. Le 30 avril, il est blessé d'une balle tirée par un déséquilibré. Au moment où le brancard pénètre dans l'hôpital, son épouse, Nancy, qui arrive de la Maison-Blanche, se précipite vers lui et lui chuchote quelques mots de réconfort. Alors le président, qui n'a jamais vraiment oublié sa carrière d'acteur de western, lui glisse :

— Désolé, chérie, cette fois je n'ai pas plongé assez tôt !

Les acteurs suscitent souvent une admiration spontanée pour leur mémoire. À tort parfois. Le plus renommé de ces amnésiques, Jules Berry, était capable d'interpréter une pièce pendant une année entière sans avoir réussi à apprendre son rôle par cœur. Un soir, il pénètre, haletant, dans le bureau du directeur :

— Désolé, lui dit-il, mais je ne pourrai pas jouer aujourd'hui.

— Pour quelle raison ? Vous êtes souffrant ?

— Moi non ! Je vais très bien. Mais je viens d'apprendre que le souffleur a la grippe.

— Est-ce que la représentation a bien marché ? demande-t-on au même Jules Berry après l'une de ses prestations.

— Pas mal, répond-il : le souffleur a eu six rappels.

La comédienne Madeleine Brohan finit ses jours au dernier étage d'une maison de la rue de Rivoli. Ses amis y arrivaient tout essoufflés.

— Madeleine ! Pourquoi nous fais-tu le coup d'habiter si haut ?

— C'est le dernier moyen qui me reste pour faire battre le cœur des hommes.

La même Madeleine Brohan
est abordée un peu cavalièrement,
à la sortie du théâtre, par l'un
de ses nombreux admirateurs
inconnus :
— Vous vous trompez, monsieur,
je suis une honnête femme.
Puis, levant les yeux vers l'audacieux qui
est bien joli garçon :
— Croyez que je le regrette infiniment.

Augustine Brohan, l'aînée de la famille, reçoit un très beau bracelet :

— Compliment, Augustine, d'où vient-il ?

— C'est le prix de mon honneur.

— Et l'autre, à gauche ?

— C'est l'accessit.

Au cours d'un tête-à-tête Nixon-Brejnev
au Kremlin, Nixon interroge le dirigeant
russe :

— Comment fonctionne votre économie ?
Brejnev :

— C'est très simple.

Ils font semblant

de travailler et nous

faisons semblant

de les payer.

Un ministre fait remarquer à Edgar Faure, dont le veuvage n'est pas très ancien :

— Monsieur le président, on vous voit ces temps-ci avec des femmes moins jeunes… Et Edgar Faure de répondre (cheveu sur la langue) :

— Mon cher ami, n'oubliez pas que je suis encore un peu en deuil.

Au terme d'une conférence donnée à Washington, une personne dans l'assistance questionne un peu naïvement Albert Einstein :

— Quelle est la différence entre la théorie et la pratique ?

— La théorie, c'est quand on sait tout et que rien ne fonctionne. La pratique, c'est quand tout fonctionne et que personne ne sait pourquoi. Mais ici, nous avons réuni théorie et pratique : rien ne fonctionne et personne ne sait pourquoi.

L'actrice Cécile Sorel se prépare dans
sa loge ; la maquilleuse prend soin
de gommer les rides de son visage
et lui chuchote gentiment :

— On dirait une jeune fille !
Pas dupe, Cécile Sorel soupire
en se contemplant :
— Décidément, on ne sait plus
faire les miroirs…

Raillerie

Et d'une raillerie a-t-on lieu de s'aigrir ?

Molière

Le maréchal de Boufflers, que la guerre, la boisson et la galanterie tiennent trop souvent éloigné de son domicile, meurt deux ans après la célèbre bataille de Malplaquet (1709) dont il a organisé la retraite. Son épouse n'en paraît guère affligée.

— Le maréchal va beaucoup vous manquer…

— Peut-être. Mais maintenant, au moins, je saurai où il passe ses nuits.

Lope de Vega, à l'article de la mort,
appelle son confesseur :

— J'ai quelque chose de grave
à vous confier, mon père.

Le prélat se penche aussitôt vers
l'illustre mourant :

— Je vous écoute, mon fils. Quel
est ce lourd secret ?

— Dante m'a toujours emmerdé !

Billy Wilder fut le mieux payé des scénaristes de Hollywood. Il pratiquait la plus noble des ironies, celle qu'on cultive vis-à-vis de soi-même. Témoin cet échange avec son producteur, Samuel Goldwyn, le fondateur de la United Artists, qu'il n'hésite pas à rapporter dans ses *Souvenirs* :

— Vous travaillez sur quoi en ce moment ? lui demande Sam Goldwyn.

— Mon autobiographie.

— Ah ? Et ça parle de quoi ?

Le duc de Nivernais est l'ami intime
de la comtesse de Rochefort, qui interprète
les pièces de musique qu'il compose à
l'usage de leurs invités. L'un d'entre eux
fait observer :

— Vous êtes veuf, la comtesse l'est aussi.
Un mariage ne serait-il pas une idée
agréable et… fort pratique ?

— J'y ai souvent pensé, murmure le duc ;
mais alors… où passerais-je mes soirées ?

Nous sommes à Londres. Selon ce que rapporte Jean Lacouture, l'un des acteurs de la France Libre s'adresse à de Gaulle :

— Et maintenant, mon général, il faudrait que l'on s'occupe enfin des cons !

— Vaste programme ! se contente de répondre le Général.

L'acteur Beaubourg était fort laid.
Il eut néanmoins l'honneur de
jouer du vivant de Racine la pièce
Mithridate. Mais à la réplique
de la reine Monime…
— Seigneur, vous changez
de visage.
… ce ne fut qu'un cri dans
le public :
— Laissez-le faire !

Sheridan possédait le théâtre de Drury
Lane à Londres. Il le trouve un soir
ravagé par un incendie, réduit
à des décombres fumants. Il entre
alors dans un café voisin et s'y attable.
— Sheridan ! s'étonne un ami.
Quelle indifférence !
— Eh quoi ? Depuis quand
un gentleman n'a-t-il plus le droit
de boire un bon verre de vin au coin
de son feu ?

Barbey d'Aurevilly reçoit un journaliste local dans son château du Cotentin. Le plumitif est pour le moins impressionné par l'austérité du lieu…

— Comment faites-vous, monsieur, pour vivre ici ?

— Vivre ? rétorque Barbey d'Aurevilly. Mais nous avons des domestiques pour cela !

En 1938, Daladier est dans son avion, de retour de la Conférence de Munich où, comme on le sait, les démocraties viennent de céder à Hitler, croyant avoir, par leur lâcheté, évité la guerre. Au-dessus du Bourget, Daladier aperçoit quelques milliers de personnes qui l'attendent. Convaincu que cette foule est là pour le lyncher, le chef du gouvernement suggère au pilote de trouver une autre piste d'atterrissage.

— Monsieur, lui souffle le pilote : ne craignez rien, cette foule vous ovationne !

Alors Daladier, qui, au fond de lui-même, sait bien que Munich est le début de la fin, s'exclame tristement :

— Ah les cons !

Pirouette

Dans cent ans qu'aimeriez-vous
que l'on dise de vous ?
– J'aimerais que l'on dise :
« il se porte bien pour son âge ! »

Woody Allen

Agatha Christie ne dédaignait pas les conférences pour s'expliquer sur son œuvre. Une jeune fille se lève et lui demande :

— N'est-ce pas un choix étrange, madame, pour une romancière, d'avoir épousé un spécialiste des fouilles en Orient ?

— Au contraire. Je ne saurais trop vous conseiller de faire comme moi. Épousez un archéologue. C'est le seul homme au monde qui vous regardera avec de plus en plus d'intérêt au fur et à mesure que vous vieillirez…

André Tardieu fut, dans ses jeunes années,
un surdoué du lycée Condorcet : lauréat
du Concours général, reçu premier à l'École
Normale Supérieure… En classe,
il montrait une sûreté impressionnante.
Le professeur Granger, titulaire d'une chaire
au Collège de France, voulut, un jour
d'inspection, prendre le jeune lycéen
en défaut :

— Quelle était donc, monsieur Tardieu, la
couleur des cheveux d'Alexandre-le-Grand ?
Sans une seconde d'hésitation, Tardieu
répondit :

— Verts, monsieur l'inspecteur… car c'étaient
des lauriers !

Le cardinal Maury fut le plus célèbre orateur de son temps. Ce qui lui ouvrit, en 1784, les portes de l'Académie, où il devait faire une carrière erratique. Défenseur de la monarchie, il se trouvait en exil lors de la réorganisation de l'Institut en 1803. On élit à son fauteuil un proche du Premier consul, Régnaud de Saint-Jean d'Angely. Rallié à l'Empire, il est à nouveau élu à l'Académie en 1806, où il retrouve par conséquent Régnaud. On comprend pourquoi, entre les deux hommes, l'atmosphère n'était pas au beau fixe. Le cardinal ayant exigé que dans son discours de réception, à l'encontre des usages des nouveaux temps, on l'appelât « Éminence », Régnaud s'enquit perfidement :

— Vous vous estimez donc beaucoup, monsieur ?

Le cardinal Maury, qui n'affrontait pas là sa première averse, sut lui répondre :

— Très peu quand je me considère. Beaucoup quand je me compare.

Napoléon ne dédaignait pas de s'attacher des membres
de l'ancienne noblesse. Certains se rallièrent à lui
et le servirent avec une grande efficacité. Ce fut le cas
de Louis de Narbonne, fils naturel de Louis XV, dont
l'empereur dira :

— Ce fut le seul ambassadeur que nous ayons eu.
Mais la mère de Louis de Narbonne restait entichée
des Bourbons. Lorsque Napoléon prodigua à son fils
le titre de comte, avant de le nommer aide de camp,
il l'interrogea plein d'espoir :

— Madame votre mère m'aime-t-elle,
cette fois ?

Narbonne n'osant répondre, Talleyrand
vola à son secours :

— Sire, madame de Narbonne n'en est
encore qu'à l'admiration…

L'attaché militaire français à Berlin, le lieutenant-colonel baron Eugène Stoffel, futur héros malheureux de la bataille de Buzenval, finit par inscrire dans un rapport de février 1870 la formule qu'il avait souvent rodée en société.

— Quel est votre sentiment sur l'armée prussienne ? lui demandait-on immanquablement.

— Difficile de répondre car

la Prusse n'est pas

un pays qui a une armée,

c'est une armée

qui a un pays.

La gloire de Sacha Guitry a éclipsé celle
de son père, l'acteur Lucien Guitry.
Bien que celle-ci fût immense.
Mais ce séducteur avait parfois la main
lourde. Une de ses maîtresses, prise
de panique, alors qu'il levait le bras sur
elle, s'écria :
— Au secours ! Au secours ! J'ai peur !
Et Lucien Guitry de lui murmurer,
lyrique :
— N'aie pas peur : je suis là.

— Comment se fait-il,
Monsieur Chaplin,
que vous, l'interprète
de Charlot, ayez toujours
l'air si triste ?

— C'est parce que je suis
devenu riche en jouant
le rôle d'un pauvre.

Toujours coquin malgré ses soixante-quatorze ans, Marcel Achard musarde avec un collègue académicien sur le quai Conti. Passe une jolie femme :

— Je lui ferais bien l'amour, soupire Achard.

— « Bien » ? rectifie son complice. Tu veux sans doute dire : « volontiers »…

— Comment faire pour plaire aux femmes ? demandait, dans un salon, un jeune provincial à Jules Renard…

— Dites-leur ce que vous ne voudriez pas qu'on dise à la vôtre.

Une admiratrice de Barbey d'Aurevilly s'employait vainement à le séduire.

— Enfin, Maître, finit-elle par lui dire, je ne vous inspire donc rien ?

— Si, madame, répondit-il, et un sentiment fort noble : l'horreur du péché.

Winston Churchill est apostrophé par un journaliste :

— Sir Winston, que pensez-vous de la situation dans les Balkans ?

— Il m'est difficile de vous répondre car il n'y avait que deux personnes capables d'interpréter la situation dans cette partie du monde : un vieux berger grec et moi. Et le vieux berger, hélas, vient de mourir…

Au président du Tribunal qui lui reproche d'avoir trop fréquenté les Allemands pendant l'Occupation, Arletty rétorque, de son accent inimitable :

— Fallait pas les laisser entrer !

Réception diplomatique. Un consul s'adresse à Chateaubriand :

— Selon vous, comment arrive-t-on au pouvoir ?

Instantanément, le grand homme a cette phrase somptueuse :

— On y arrive par ce qu'on a de pire et l'on s'y maintient par ce qu'on a de meilleur[*].

---

[*] Il est vrai que cet aphorisme est réversible ! Talleyrand, qui ne l'aimait guère, disait de Chateaubriand : « il croit qu'il devient sourd parce qu'il n'entend plus parler de lui ! »

Edward Estlin Cummings était un auteur assez atypique. Quant à ses besoins financiers, ils n'étaient pas insignifiants. Son éditeur se crut obligé de le lui faire remarquer :

— Mon cher, vous ne semblez pas avoir conscience de ce que vous rapportent vos livres…

— Vous avez parfaitement raison, concéda le poète américain : je vis tellement au-dessus de mes moyens qu'on ne se croise jamais.

— Sept villes se disputent l'honneur
d'avoir vu naître Homère, observe
un pédant devant Alphonse Allais.
— Vous en oubliez une huitième plus
célèbre que les sept autres, remarque
Allais.
— Je regrette mais il n'y en a que sept !
insiste le pédant : Argos, Athènes, Chio,
Colophon, Rhodes, Salamos et Smyrne.
— Vous oubliez Allaure !
— Allaure ?
— Mais oui. La voix populaire a consacré
Allaure comme la huitième ! Ne dit-on pas
souvent : Homère d'Allaure ?

— Monsieur Guitry, comment voyez-vous la vie amoureuse ?

— C'est très simple : on se veut et on s'enlace ; puis on s'en lasse et on s'en veut.

À la fin de la guerre du Kippour, Golda Meir
dit à Kissinger :

— Je ne comprends pas comment vous,
un Juif, osez me demander de ne pas faire
prisonniers les soldats égyptiens que
nous avons encerclés dans le Sinaï.

— N'oubliez pas que je suis d'abord
citoyen du monde, puis Américain,
puis Républicain, puis Juif.
Réponse de Golda :

— Ce n'est pas bien grave : en
hébreu, on lit de droite à gauche !

Thomas Erskine, renommé pour avoir été le plus grand des jurisconsultes anglais, sut un jour démontrer que l'austérité du droit n'empêche pas les plus aimables classifications :

— Quelle différence faites-vous entre le charme et la beauté chez une femme ? lui demande à brûle-pourpoint son hôtesse.

— Rien n'est plus facile, madame : une belle femme est celle que je remarque. Une femme charmante est celle par qui je suis remarqué.

Un soir, au ministère des Relations extérieures, qu'occupe Talleyrand, se retrouvent Adélaïde de Flahaut de la Billarderie, dont il a eu un fils, Germaine de Staël, et madame Grand, belle créole dont il fera sa femme. Madame de Staël, voyant Talleyrand s'approcher, lui demande :

— Si nous tombions à l'eau toutes les trois, à laquelle porteriez-vous d'abord assistance ?

— Oh ! Baronne, je suis sûr que vous nagez comme un ange !

L'acteur Silvain, doyen de la Comédie-Française, fut un époux constant, un sociétaire redoutable, un helléniste acharné. Prudent, il avait rédigé lui-même son épitaphe : « N'a eu qu'un amour, Louise ; qu'une patrie, la Grèce ; qu'un vice, le théâtre. » Il triompha dans *Les Burgraves* de Victor Hugo, dont il n'abandonnait pas le ton en quittant la scène.

Ses décisions, au Comité de lecture de la Comédie-Française, étaient sans appel. Un auteur, dont il avait fait refuser la pièce, vint se plaindre à lui :

— Maître, comment pouvez-vous juger mon œuvre ? Je vous ai observé : vous n'avez cessé de dormir pendant toute la lecture.

— Monsieur, rétorqua majestueusement le « Maître », le sommeil aussi est une opinion.

Kœnigsmark en 1918, *L'Atlantide* l'année suivante,
furent les premiers grands succès de Pierre Benoit,
lequel ravissait ses lecteurs par la touche d'aventure,
d'exotisme et d'humour qu'il mettait dans ses livres.
Par fétichisme il nomma toutes les héroïnes de ses
romans d'un prénom commençant par la lettre « a »,
Aurore de Kœnigsmark, Antinea la reine des Atlantes…
Et c'est encore avec deux mots issus de la lettre « a »
qu'il eut l'occasion d'un trait particulièrement heureux.

— Faites-vous donc une différence
entre l'amitié et l'amour ? s'enquiert
un jour une de ses lectrices passionnées.
— Oh oui ! chère madame, une différence
énorme : c'est le jour et la nuit.

Ninon de Lenclos tint jusqu'en sa vieillesse
un bureau d'esprit où se retrouvaient Coligny,
Condé, Longueville, Saint-Évremond, qui furent
ses amants autant que ses amis. Mais il n'y avait
pas que le bureau d'esprit pour celle que Walpole
surnomma « Notre Dame des amours » :
il y avait aussi le bureau du cœur.
En 1700, alors qu'elle avait dépassé les quatre-
vingts ans, on lui reprocha ses bontés pour un
jeune gentilhomme. À dire vrai, moins pour une
question de morale — chacun l'aimait comme
elle était — que par crainte pour sa santé.
— Ninon, n'en as-tu pas assez eu comme cela ?
— Eh quoi ? Est-ce qu'on ne se chauffe pas
l'hiver ?

Paul Gaudot, journaliste ami de Léon Daudet, déclarait dans une soirée que le plus bel âge pour un homme était de trente-cinq à cinquante ans.

— En ce cas, quel est donc le plus bel âge pour une femme ? s'enquiert un parterre de dames très concernées par la réponse.

— Le plus bel âge pour une femme, c'est l'âge où elle est aimée par un homme de trente-cinq à cinquante ans !

Henri IV eut deux femmes et de nombreuses maîtresses. Plusieurs rêvèrent de se faire épouser. L'une d'entre elles, Catherine Henriette de Balzac d'Entraygues, fut assez habile pour en obtenir la promesse écrite, si elle lui donnait un fils.

Ce qu'elle fit. Mais Henri IV était peu pressé d'honorer sa parole. Un soir, il lui glisse à l'oreille :

— Par quel chemin, madame, puis-je gagner vos appartements ?

— Par le chemin de l'église, sire…

Un noble aborde Adolphe Thiers et lui demande :

— Monsieur Thiers, de qui descendez-vous ?

Thiers, d'un trait :

— Moi, monsieur, je ne descends pas. Je monte.

Galanterie

On peut trouver des femmes
qui n'ont jamais eu de galanterie,
mais il est rare d'en trouver
qui n'en aient jamais eu qu'une.

François de la Rochefoucauld

Anne-Catherine de Ligneville, épouse du
philosophe Helvétius, l'auteur du célèbre
De l'esprit, survécut vingt-cinq ans à son mari.
Son veuvage, rendu financièrement aimable
par une rente confortable, fut assorti d'une
contrainte testamentaire : celle de ne jamais se
remarier. Cela n'empêchait pas Anne-Catherine,
demeurée fort belle, d'entretenir nombre
de soupirants dans sa maison d'Auteuil…
mais à condition qu'il ne soit jamais question
de mariage ! Parmi ses « admirateurs » figurait
Benjamin Franklin, premier ambassadeur
des États-Unis en France, qui la surnommait
« Notre Dame d'Auteuil ». En 1780, il avait
soixante-treize ans lorsqu'il écrivit *Trois
bagatelles de Passy* en l'honneur de la belle,   …

••• beaucoup plus jeune que lui.

Leurs échanges, demeurés célèbres, témoignent que l'amour et ses exigences n'ont pas d'âge.

Un soir de novembre, « Notre Dame d'Auteuil » avait espéré en vain la visite de Franklin :

— N'auriez-vous pas oublié notre rendez-vous ? lui demanda-t-elle, un peu piquée.

— Certes non, madame ! J'attendais simplement que les nuits fussent plus longues…

Au milieu des années 1970, Audrey Hepburn revient sur les lieux de son immortel triomphe, *Vacances romaines* de William Wyler. Elle en profite pour renouveler son stock de photos promotionnelles. L'agence à laquelle elle s'adresse lui dépêche aussitôt un photographe.

— Mais je vous reconnais ! s'écrie-t-elle, enchantée, quand elle le voit arriver. C'est vous qui m'avez photographiée lorsque je tournais avec Gregory Peck. Le résultat était formidable.

Pourtant, le lendemain, lorsqu'elle découvre le nouveau jeu d'épreuves, elle est déçue :

— Franchement, je préférais celles que vous m'aviez faites autrefois.

Galantuomo, comme on se doit de l'être en Italie et plus encore face à une star, le photographe s'incline en s'excusant :

— Soyez indulgente, madame : à cette époque, j'avais vingt ans de moins.

Une dame fort jolie priait Alfred de Musset
de lui faire lire les vers qu'il avait
composés. Comme il résistait, elle ajouta :

— Je vous le demande
en grâce.

— Madame, répondit
le poète, vous ne sauriez
le demander autrement !

Germaine de Staël et Juliette Récamier se rencontrèrent
sous le Consulat. Ce fut un coup de foudre, qui déboucha
sur ce que d'aucuns nommèrent une « amitié
amoureuse ». C'est peu de dire que le jeu n'était pas égal
entre le physique — ô combien — ingrat de Germaine
et la grâce exquise de celle que l'on surnomma « la belle
des belles ». Germaine avait le talent. Juliette Récamier,
la jeunesse.

Édouard Herriot, dans son livre *Madame Récamier
et ses amis*, rapporte qu'un fâcheux, se trouvant placé
entre les deux femmes, crut faire un trait d'esprit en
remarquant :

— Me voici donc placé entre l'esprit et la beauté.

Madame de Staël, en faisant mine de s'y méprendre,
lui répondit :

— C'est bien la première fois que je m'entends dire
que je suis belle !

Flatterie

Il peut y avoir un coup de poignard
sans flatterie, il y a rarement de flatterie
sans coup de poignard.

Francisco de Quevedo

À Versailles, on ne put jamais décerner le prix de la flatterie.
Il y aurait eu trop de prétendants parmi les courtisans et trop de difficultés pour les départager.
Louis XIV ayant demandé à Boileau en quel temps il était né, le poète, plagiant le Baptiste recevant le Christ, s'inclina jusqu'à terre :
— Sire, je suis venu au monde un an avant Votre Majesté afin d'annoncer les merveilles de son règne.

Autre exemple de flagornerie. À madame
de Praslin, visiblement en situation
« intéressante », le roi s'adresse
poliment :

— Et quand est-il prévu que
vous accouchiez, madame ?
Faisant sa révérence,
elle soupire :
— Quand il plaira à Votre
Majesté...

Bassompierre, maréchal de France, compagnon d'Henri IV, fut l'homme de guerre le plus brillant de son temps. Son beau nom, fait pour la gloire, devint un surnom pour tout ce qui était brave, généreux, joyeux, spirituel, vif… et trousseur de cottes. Comme on lui disait un jour que la virginité était le plus riche trésor des filles, il répondit fort gaillardement :

— C'est chose malaisée de garder longtemps un trésor dont tous les hommes portent la clef !

Son étoile pâlit lorsqu'il prit le parti de Marie de Médicis contre Richelieu lors de la célèbre Journée des dupes. Le cardinal-ministre le fit embastiller.

La détention de Bassompierre devait durer   …

. . . douze longues années et ne cessa qu'à
la mort du Cardinal en 1642. Alors Mazarin
ordonna sa libération et Louis XIII lui permit
de reparaître à la Cour.

— Quel âge avez-vous, monsieur de Bassompierre ?
lui demanda le roi, goguenard.

— Cinquante ans, Sire.

— Je croyais, à la vérité, que vous en aviez plus
de soixante…

— Sire, je retranche douze années passées
à la Bastille puisque je n'ai pas eu l'honneur
de les employer au service de Votre Majesté.

Le cardinal de Richelieu exerçait tout son ascendant sur Louis XIII, ce « pâle Jupiter à moustaches pointues », que décrit Michelet. Et le roi s'irritait parfois qu'on le présentât comme le simple vassal de son « principal ministre ».

— Passez le premier, monsieur le Cardinal, s'écrie Louis XIII un soir de festivités à la Cour : n'êtes-vous pas le maître ici ? On dit même que c'est vous qui êtes le vrai roi !

Richelieu, qui connaissait le caractère ombrageux du monarque, prend alors un flambeau des mains d'un page et, ouvrant la marche, chuchote :

— Sire, s'il m'arrive de passer devant Votre Majesté… c'est uniquement pour l'éclairer !

Esquive

La force, ce n'est rien dans la vie.
C'est l'esquive qui compte.

Daniel Pennac

Louis XV apostrophe
le marquis de Bièvre :
— Marquis, on dit que vous
faites des calembours sur
n'importe quel sujet.
Faites-en un sur moi !
— Impossible, Sire : Votre
Majesté n'est pas un sujet !

Son catholicisme fervent n'empêcha
jamais Georges Bernanos de pratiquer
l'ironie vis-à-vis des piliers de son Église.
Voici comment il résumait la rhétorique
jésuite :

« On demande à un Père Jésuite :

— Pourquoi répondez-
vous toujours à une
question par une autre
question ?

— Pourquoi pas ? »

Le 30 avril 1981, le président Reagan est blessé d'une balle tirée par un déséquilibré. Dans le bloc opératoire, au moment où on s'apprête à l'endormir, Ronald Reagan trouve encore le punch de murmurer au chirurgien :

— J'espère, au moins, que vous êtes Républicain !

— Aujourd'hui, monsieur le président, répond l'homme au bistouri, nous sommes tous Républicains…

Pendant un débat politique houleux, un opposant à Adlaï Stevenson lui fait remarquer :

— C'est bien beau de faire des discours, mais nous voulons une proposition concrète.

Stevenson, imperturbable :

— Voici ma proposition : si nos adversaires cessent de dire des mensonges sur nous, eh bien je m'abstiendrai de dire la vérité sur eux.

Le danseur Pécourt allait très souvent chez Ninon de Lenclos. Le comte de Choiseul aussi. Ce salon de Ninon devenant un véritable carrefour, les deux hommes finirent par se croiser. Ce jour-là, Pécourt portait un vêtement assez semblable à un uniforme ; aussi le comte lui demanda-t-il ironiquement :

— Je serais curieux de connaître le corps dans lequel vous servez…

— Monseigneur, celui-là même où vous servez depuis longtemps.

Madame d'Esparbès de Lussan eut longtemps un goût
prononcé pour les hommes. Dans la première époque
de sa vie, rien ne lui semblait devoir borner son ambition.
Prétendant au titre de maîtresse du roi après la mort
de Madame de Pompadour, elle eut cet échange singulier
avec un Louis XV quelque peu inquisiteur :

— Tu as couché avec tous mes sujets !

— Ah ! Sire...

— Tu as eu le duc de Choiseul.

— Il est si puissant !

— Le maréchal de Richelieu.

— Il a tant d'esprit !

— Monville.

— Il a si belle jambe !

— À la bonne heure... Mais le duc d'Aumont, qui n'a rien
de tout cela ?

— Ah ! Sire, il est si attaché à Votre Majesté !

Violoniste hors pair, Jacques Thibaud
finit, hélas — avec son stradivarius
de 1720 — au fond des abîmes à la suite
d'une collision aérienne. Mais, de son
vivant, il était constamment convié dans
les salons les plus prestigieux.
Il savait qu'on l'invitait moins pour
le charme de sa conversation que dans
l'espoir de le voir saisir son précieux
instrument de musique et improviser
un concert à l'usage des invités. Un petit
cérémonial qui ne coûtait pas trop cher
à ses hôtes… Lassé de cette hypocrisie,
il répondit un jour à une maîtresse   …

... de maison qui le priait à dîner, en lui précisant :

— Et surtout, cher ami, n'oubliez pas votre violon.

— Chère madame, je ne suis malheureusement pas libre ce soir-là, mais je ne manquerai pas de vous envoyer mon violon.

Marc-René de Voyer de Paulmy d'Argenson, successeur
de La Reynie, imprima à sa charge de lieutenant
de police un relief qui ne fut pas toujours apprécié par
certains de ses véritables « protégés » : les gens
de lettres et de théâtre. Un beau matin, il entreprend
de questionner Jean Corbinelli — correspondant de la
marquise de Sévigné et auteur des *Sentiments d'amour
tirés des meilleurs poètes modernes* — sur les réunions
auxquelles il participe et sur l'état d'esprit de ceux
qu'il y croise : aiment-ils le roi ? Rendent-ils hommage
à son action ? Corbinelli, méfiant, feint d'oublier
et répond par des échappatoires. D'Argenson
s'impatiente :

— Il me semble qu'un homme comme vous devrait
pourtant se rappeler ces choses-là, dit-il.

— En effet, Monseigneur, murmure Corbinelli, mais
devant un homme comme vous… je ne suis plus un
homme comme moi.

Ironie

Redouter l'ironie, c'est craindre la raison.

Sacha Guitry

Né en 1912, l'archiduc Otto de Habsbourg appartient à cette fameuse dynastie qui possédait la couronne d'empereur d'Autriche et, à partir de 1867, celle de roi de Hongrie. Ainsi s'explique ce délicieux échange rapporté par Monsieur de Marenches dans *Dans le secret des princes* :

— Monseigneur, suivrez-vous, ce soir, à la télévision, le match de football Autriche-Hongrie ?
— Contre qui ?

Un Père Jésuite
demande son chemin
à Alphonse Allais.
Réponse de
l'humoriste :
— Vous ne trouverez
jamais, mon Père,
c'est tout droit !

Pilâtre de Rozier avait un compagnon lors de
la première ascension en ballon libre à air chaud
qu'il effectua le 21 novembre 1783 : le marquis
d'Arlandes. Passionné de découvertes scientifiques,
Louis XVI assiste à l'envol qui s'effectue depuis
le château de la Muette.

Revenu à terre, le marquis se doit d'aller saluer
le roi :

— On s'étonne, monsieur, que vous preniez tant
de risques, lui signale le monarque avec un soupçon
de fâcherie dans la voix. Ils pourraient nuire à votre
carrière militaire !

— Votre Majesté daignera me pardonner, lance
le marquis, mais son ministre de la Guerre m'a fait
tant de promesses en l'air… que j'ai pris
la résolution de les y aller chercher !

À l'élection présidentielle de janvier 1913, qui verra le succès de Raymond Poincaré, celui-ci a contre lui Antonin Dubost, le président du Sénat. Antonin Dubost comptait bien sur le soutien de Georges Clemenceau, alors sénateur du Var. S'apercevant qu'il n'en était rien, il s'avisa d'en faire grief à celui qui, s'il n'était pas encore surnommé « le Tigre », en avait déjà les dents :

— Vous ne soutenez pas ma candidature. Vous dites à tout le monde que je suis un imbécile. Je ne suis cependant pas plus bête qu'un autre !

— Quel autre ? demande alors Clemenceau.

Winston Churchill à un ami, membre des Communes :

— Nous pourrions donner à l'honorable Sir X... le ministère de la Guerre, ainsi nous serions sûrs de l'éviter.

— Et pourquoi donc ?

— C'est simple : pendant la Guerre, Sir X... était ministre des Houillères. Or, de ce jour, nous n'avons plus jamais eu de charbon !

Voltaire, roi intellectuel de l'Europe, arrive en 1778 à
Paris où doit être représentée sa tragédie *Irène*, qui sera
sa dernière œuvre. Il a alors quatre-vingt-quatre ans.
La représentation est l'occasion d'une ovation
enthousiaste : on couronne son buste sur la scène
de la Comédie-Française.

Le poète Ange-François Fariau, dit de Saint-Ange,
honnête traducteur des *Métamorphoses* d'Ovide, vient
présenter ses hommages au héros du jour, tout comme
la plupart des gens de lettres. Désireux de finir sa visite
par un trait brillant, il lance à Voltaire :

— Aujourd'hui, monsieur, je suis venu saluer Homère ;
demain, je saluerai Euripide ; après-demain, Tacite ;
les jours suivants…

— Monsieur, je suis bien vieux, l'interrompt Voltaire :
si vous pouviez faire toutes ces visites en une seule fois,
vous m'obligeriez beaucoup.

Antoine, alternativement nommé Houdar de La Motte ou Lamotte-Houdar, ne survit guère aujourd'hui que par sa formule « l'ennui naquit un jour de l'uniformité ». Mais sa traduction de *l'Iliade* en douze chants fut très admirée en son temps. Ce qui déchaîna la fureur de l'obscur François Gascon, écrivaillon spécialisé dans les libelles stipendiés. Fidèle à lui-même, celui-ci publia aussitôt un *Homère vengé*, ouvrage qui agita fort la république des lettres.

Houdar de La Motte, réfugié dans un méprisant silence, ne répond pas.

— Pourquoi restez-vous si calme face à de si basses attaques ? s'inquiète l'un des siens.

— Mon cher ami : on n'a rien à gagner avec ceux qui n'ont rien à perdre.

Le prince de Charolais, descendant
des Condé, surprend monsieur de Brissac
chez sa maîtresse. Il s'exclame :
— Sortez, monsieur !
À quoi monsieur de Brissac, pour lui
rappeler l'époque où la noblesse savait
défendre son honneur sur le pré, lui
rétorque :
— Monseigneur, vos ancêtres auraient dit :
sortons !

Un jeune homme vient à lire devant Piron
une tragédie où abondaient des vers pris
à droite et à gauche.

À chaque emprunt Piron ôtait son bonnet,
et il avait fort à faire :

— Mais enfin, pourquoi cette
« bonnetade » à tout propos ? finit
par exploser l'auteur de la pièce.

— C'est que j'ai l'habitude de toujours
saluer mes connaissances !

En Conseil des ministres, Jean Foyer,
garde des Sceaux, fait un exposé émouvant
sur la misère pénitentiaire :
— Les prisons sont surpeuplées… Les
détenus sont mal nourris… Leurs loisirs
sont insuffisants…

— Heureusement,
ils peuvent s'évader !
fait remarquer
le général de Gaulle.

Calonne, ministre contesté de Louis XVI, cherchait
moins à plaire en politique qu'en littérature.
La chronique prétend que le poète Pigault-Lebrun
lui fournissait les vers qu'il s'attribuait. Le poète passait
pour en être généreusement récompensé.
Le ministre, lisant devant Rivarol une de ses pièces
en vers, lui demande d'un air satisfait :

— Monsieur, ces vers vous
semblent-ils sentir le collège ?
— Oh ! non, Monseigneur !!!
Mais quelque peu la… pension.

À un illettré qui promettait
au même Rivarol :

— Je vous écrirai demain
sans faute…

L'écrivain répliqua :

— Ne vous tracassez pas :
écrivez-moi comme vous
en avez l'habitude.

L'avocat Raymond Hesse n'était pas dupe de ses clients.

Se trouvant en vacances, il reçut de l'un d'eux, dont il pressentait la culpabilité, ce télégramme de victoire :

« La justice a triomphé… »

Il lui répondit aussitôt :

« Faites appel ! »

Sous la Révolution, les affrontements entre Fouquier-Tinville et ses victimes étaient très spectaculaires.
L'une d'entre elles, Alphonse Martainville, fut toujours royaliste. Sous la Restauration notre homme fera même partie du camp « ultra », ce qu'il proclama haut et fort en baptisant son journal *Le Drapeau blanc*. Il ne fut, néanmoins, jamais noble. Tout jeune, il eut l'occasion de le faire savoir. Appelé à comparaître devant le Tribunal criminel extraordinaire pour s'être élevé publiquement contre la terreur robespierriste, il est sommé par Fouquier-Tinville de décliner son nom. Il se contente d'énoncer la vérité :

— Martainville.

— De Martainville, sans doute ? insiste Fouquier-Tinville.

— Citoyen, réplique le jeune accusé, je suis ici pour être raccourci et non pour être allongé. Laisse-moi mon nom.
S'il eut la vie sauve, eut-il pour autant le dernier mot ?
Pas certain. Selon la légende, l'accusateur public aurait soupiré, magnanime :

— Allez, qu'on l'élargisse.

Quittant son théâtre par une belle nuit
d'été, la géante Mary Marquet décide
de rentrer chez elle à pied.
Elle s'aperçoit bientôt qu'un homme
la suit. Un tout petit monsieur
aux épaules étroites, qui l'aborde
et lui dit :
— Vous me permettez de vous
accompagner, mademoiselle ?
— Pourquoi ? Vous avez peur ?

Blasphème

Toutes les grandes vérités
commencent par être des blasphèmes.

George Bernard Shaw

— Cher Woody Allen, croyez-vous en Dieu ?

— Je crains que non. Mais si Dieu existe, il faut absolument qu'il nous présente des excuses !

Au soir du 11 septembre 1709, nul ne peut dire qui, des Français ou des Anglais, a remporté la victoire à Malplaquet. Ce qui nous valut la comptine « Malbrough s'en va-t'en guerre », surgie des troupes françaises lorsqu'elles crurent le duc mort — alors qu'il ne devait décéder que quinze ans plus tard. Venu après les nombreuses défaites infligées à la France durant la guerre de succession d'Espagne, un nouveau désastre risquait d'être fatal à notre pays. Au plus fort de l'indécision des armes, Louis XIV ne put s'empêcher de manifester sa colère :

— Pourquoi jurez-vous, Sire ? lui demanda l'un de ses proches.

— Parce que Dieu semble avoir oublié tout ce que j'ai fait pour lui !

À l'issue d'un Conseil et feignant
la naïveté, Napoléon apostrophe Duroc,
le frère d'armes qu'il avait fait duc
de Frioul et maréchal du palais :

— On me croit donc bien ambitieux ?
Devant l'inanité de la question, Duroc
crut s'en sortir par une pirouette :

— Il y a des gens qui s'imaginent que vous
prendriez, s'il vous laissait faire, la place
de Dieu le Père.

— Je n'en voudrais pas, dit Napoléon,
c'est un cul-de-sac.

Riposte

Une vengeance trop prompte
n'est plus une vengeance,
c'est une riposte.

Henry de Montherlant

Ardent militant socialiste, George Bernard Shaw
a participé à la fondation de la Société fabienne.
Pacifiste à ses heures, éternel contempteur
du capitalisme, il a tout pour détester Winston Churchill
et se faire détester de lui. Désireux de l'épingler,
sous l'apparence d'une politesse, le dramaturge lui
envoie un carton d'invitation avec ces mots :

« Veuillez trouver, ci-joint, deux places
pour la première de ma nouvelle pièce. Venez
avec un ami… si toutefois vous en avez un. »
Par retour de courrier, Churchill répond :
« Cher Maître, étant absent de Londres, je ne
pourrai pas venir à la première représentation
de votre pièce. Mais je viendrai volontiers
à la seconde… si toutefois il y en a une. »

À une invitation rédigée
en ces termes…
« Mon salon sera pavé
de jolies femmes. »
… Marcel Achard
s'empressa de répondre :
« J'arrive ventre à terre. »

William Gladstone et Benjamin Disraeli se firent
une guerre à outrance pour devenir, chacun, Premier
ministre à la place de l'autre. C'est peu de dire
qu'ils se haïssaient.

— Vous, vous finirez pendu ou miné
par une maladie vénérienne !
s'exclama Gladstone ulcéré.
— Cela dépendra, cher ami,
qui j'aurai épousé :
vos principes ou votre maîtresse…
contre-attaqua Disraeli.

Émile Littré ne fut pas seulement
un grammairien hors pair. Il eut l'occasion
de montrer à nouveau que le bon usage
de la langue peut servir de paravent
aux plus délicates situations. L'illustre
auteur du *Dictionnaire* se trouve dans le lit
conjugal avec sa servante. Son épouse
entre sans prévenir :

— Ah, monsieur, vous me surprenez,
s'exclame l'honnête femme.

— Non, madame, corrige alors Littré,
c'est nous qui sommes surpris. Vous,
vous êtes étonnée.

Le peintre et graveur américain James Whistler fut
un des grands théoriciens de « l'art pour l'art ».
Cela ne l'empêchait pas d'avoir une compréhension
attentive de ses intérêts matériels. Un bourgeois
londonien, dont il avait fait le portrait, s'avise d'en
contester le prix devant un tribunal.

— Ne trouvez-vous pas votre portrait ressemblant ?
demande l'attorney au plaignant.

— Très ressemblant. Mais le prix est excessif pour deux
séances de pose.

L'argument paraît émouvoir le juge.

— Maître, interroge-t-il, combien de temps
avez-vous mis à brosser ce portrait ?

— Deux jours… et trente ans ! répond
Whistler.

Le juge n'insista pas.

Antoine-Vincent Arnault, poète, fabuliste et laborieux auteur dramatique — auquel on doit un *Marius à Minturne* aussi vite oublié que paru — fit sa fortune dans le sillage de celle de Bonaparte, qu'il servira jusqu'aux Cent-jours. À l'époque du Consulat, il propose au Théâtre-Français une tragédie en cinq actes et en vers : *Le Roi et le Laboureur*. La pièce est copieusement chahutée. Sans charité particulière, Bonaparte lui signale :

— Voilà ce que c'est que de faire des tragédies après Corneille et Racine…

— Général, repartit Arnault, vous livrez bien des batailles après Turenne !

Un soir, au Théâtre-Français, Alexandre Dumas remarque un spectateur endormi dans la salle pendant la représentation d'une pièce du prolifique Alexandre Soumet.

— Tiens, dit Dumas, voilà l'effet que produisent tes pièces.

Le lendemain, on joue une comédie de Dumas. L'auteur se tient à l'entrée de l'orchestre. Tout à coup, Soumet lui désigne un homme qui dort à poings fermés :

— Vous voyez, mon cher Dumas, que l'on peut s'endormir également en écoutant votre prose.

— Pas du tout, s'exclame Dumas ! Lui, c'est le spectateur d'hier qui ne s'est pas réveillé.

Ce n'est pas pour rien que Gioacchino Rossini laissera son nom à une fameuse recette de tournedos. Grand musicien, il fut également un fin gourmet. À l'issue d'un repas — trop frugal à ses yeux —, il s'entend dire par son hôte :

— Maître, j'espère que vous nous ferez bientôt l'honneur de dîner à nouveau ici.

— Mais bien sûr. Et tout de suite si vous voulez !

La duchesse de Fleury, née Aimée de Coigny, eut beaucoup d'hommes dans sa vie, sauf un : le poète André Chénier. C'est pourtant lui qui l'immortalisera dans son poème de prison *La Jeune captive*. À Napoléon, expert en mufleries, qui lui demande :

— Alors, madame, vous aimez toujours autant les hommes ?

— Oui, Sire, surtout quand ils sont bien élevés.

Madame de Brionne eut, jadis, des « bontés » pour le cardinal de Rohan.
Le temps a passé et, lors d'une rencontre, l'acrimonie l'emporte sur la douceur.
Le ton monte et madame de Brionne s'emporte :

— Éminence ! Je vais vous faire jeter par la fenêtre.

— Madame ! Je puis bien descendre par où je suis si souvent monté !

En réfutant l'abbé Maury, chef de file du camp royaliste, lors d'une séance de l'Assemblée constituante, Mirabeau s'exclama :

— L'abbé Maury, cette fois je le tiens, je vais l'enfermer dans un cercle vicieux.

Riposte de l'abbé :

— Est-ce que par hasard vous auriez envie de m'embrasser ?

Anna Tyskiewicz, future comtesse
Potocka, cachait avec soin
un strabisme divergent. Mais
Talleyrand, le plus célèbre
pied-bot de l'Histoire, connaissait
cette infirmité. Un jour, elle
s'avisa de lui demander :
— Comment allez-vous, Prince ?
— Comme vous voyez, madame,
répondit Talleyrand.

Le président Roosevelt souhaitait faire administrer
la France libérée par l'AMGOT, une autorité anglo-
américaine, en attendant que des élections
démocratiques puissent être organisées. L'argument
était que de Gaulle et son équipe ne bénéficiaient pas
de la moindre onction du suffrage universel.
Devant ceux qui lui rapportaient l'argument, le Général
s'exclama :

« Et Jeanne d'Arc, quand elle
sauva la France, croyez-vous
qu'elle ait reçu l'onction du
suffrage universel ? Les seules
voix dont elle put jamais se
prévaloir venaient toutes du Ciel ! »

— Pourquoi voit-on souvent
l'homme d'esprit à la porte
du riche, et jamais le riche
à la porte de l'homme d'esprit ?
demandait-on au philosophe
Alain.

— C'est parce que l'homme
d'esprit connaît le prix des
richesses, alors que le riche
ignore le prix des lumières.

Un critique d'art s'adresse
à Tristan Bernard :
— Si un incendie éclatait
au musée du Louvre, quel
tableau emporteriez-vous,
cher Maître ?
Réponse du maître :
— Le plus proche de la sortie !

Tristan Bernard était connu comme le loup blanc
dans les théâtres parisiens. Lors d'une générale, il voit
arriver un spectateur fort en retard. Le monsieur
lui serre la main et lui dit, à bout de souffle :

— Ah ! j'ai manqué
le premier acte !
Et Tristan Bernard avec
son flegme habituel :
— Rassurez-vous,
l'auteur aussi !

Duguay-Trouin fut un immense marin. Ses lettres de noblesse lui attribuent la devise : « Dedit haec insigna virtus » (le courage lui a donné sa noblesse). Il connut une défaite, pourtant, en 1694, et fut fait prisonnier par les Anglais. Avant de s'enfuir de Plymouth, il eut le temps de lancer une flèche bien acérée à son geôlier qui lui faisait remarquer :

— Vous, les Français, vous vous battez pour le butin ; alors que nous, les Anglais, nous nous battons pour la gloire.

— Que voulez-vous, répondit le Malouin, chacun se bat pour conquérir ce qu'il n'a pas.

Un admirateur s'adresse
à la comédienne Marguerite
Moreno :
— Est-il vrai que seuls
les maigres ont de l'esprit ?
— Oui, mon gros !

Le Premier ministre anglais Edward Heath est violemment pris à partie par un grand journal du matin. Quelques jours plus tard, à son club, il se rend aux lavabos et se trouve côte à côte avec le directeur du quotidien torpilleur.

— Je regrette de vous avoir attaqué ainsi. Je vous présente toutes mes excuses.

— Je les accepte mais, la prochaine fois, je préférerais que vous m'insultiez dans les lavabos et que vous vous excusiez dans votre journal.

— Augustine, faites-moi l'aumône d'un peu d'amour, suppliait un amoureux transi aux pieds de l'actrice Augustine Brohan.

— Pardonnez-moi, mon cher, mais j'ai déjà mes pauvres.

Légère, belle et excentrique, la danseuse
Isadora Duncan, qui mourut étranglée
par son écharpe prise dans la roue
de sa voiture, admirait sans réserve
l'écrivain George Bernard Shaw.
Un jour, elle lui murmura :

— Quel miracle ce serait d'avoir
un enfant ensemble. Imaginez
qu'il ait ma beauté et votre
intelligence !

— Bien sûr, mais supposez que
ce soit le contraire !

L'acteur et écrivain américain Dan Spencer regarde la télévision en compagnie d'un ami. L'ami s'extasie devant les nouveaux programmes du câble :

— Sais-tu qu'il existe maintenant des chaînes qui ne parlent que de météo, 24 heures sur 24 ?

Dan Spencer sourit :

— Quand j'étais petit, on appelait ça une fenêtre !

Le 30 novembre 1959, le jour anniversaire de ses quatre-vingt-cinq ans, Churchill est reçu au Parlement. Il entend derrière lui un invité chuchoter à son voisin :

— Il paraît que le vieux est en train de devenir gaga.

Sans se retourner, Churchill susurre :

— Il paraîtrait même qu'il devient sourd !

Dans un restaurant de l'avenue
Trudaine, Feydeau interpelle
le maître d'hôtel et lui fait
remarquer qu'il manque
une pince au homard qu'on vient
de lui servir :

— Monsieur, c'est probablement
qu'il l'a perdue en se battant.

— Qu'à cela ne tienne, apportez-
moi le vainqueur !

Le cabinet de travail de Clemenceau,
rue Franklin, était assombri au printemps par
un arbre qui poussait dans le jardin de son
voisin. Il demanda au propriétaire de faire
élaguer l'arbre, ce qui fut aussitôt exécuté.
Pour remercier ce voisin, qui était
ecclésiastique, Clemenceau envoya un mot
commençant ainsi :
« Mon père, je puis bien vous appeler *mon père*
puisque vous m'avez donné le jour… »
Et l'homme d'Église de répondre :
« Mon fils, je peux bien vous appeler *mon fils*
puisque grâce à moi vous avez entrevu
le ciel… »

Alexander Pope, célèbre poète et essayiste anglais, n'avait pas été gâté par la nature. Petit et bossu, il inspirait une instinctive compassion. George Ier, roi d'Angleterre en 1714, aussi peu raffiné que Pope était cultivé, l'ayant aperçu dans les allées de Windsor, s'avise de lancer à la cantonade :

— J'aimerais savoir à quoi peut bien servir ce petit homme qui va de travers ?

Murmure de Pope :

— À faire en sorte que les autres aillent droit !

Au Conservatoire national d'art dramatique,
Louis Jouvet, professeur, à François Périer, jeune élève :

— Si Molière voit comment
tu interprètes ton Don Juan,
il doit se retourner dans sa
tombe.
Et Périer de répliquer
du même ton :
— Comme vous l'avez joué avant
moi, ça le remettra en place.

Badinage féminin d'après-dîner…

— Monsieur Clemenceau,
avez-vous remarqué
que les femmes vivent
plus longtemps que
les hommes ?
Bougonnement du Tigre :
— Oui, surtout
les veuves !

Un jour d'inauguration, devant *Guernica*, un touriste allemand apostrophe Picasso :

— C'est vous qui avez fait ça ?

Picasso, sans hésiter :

— Non, c'est vous.

Un admirateur à Tristan Bernard :

— Le peuple juif est vraiment le peuple élu.

Réponse songeuse de l'auteur dramatique :

— Hélas, il est souvent en ballottage…

Churchill, devenu irascible avec l'âge, accepte comme une corvée majeure de présider un dîner mondain chez sa fille Mary et son gendre, sir Christopher Soames. L'assistance est très ennuyeuse. Churchill ne desserre pas les dents. Voulant le dérider, le maître de maison se tourne vers lui :

— Et quelle a été, pendant la guerre, la personnalité qui vous a fait la plus forte impression ?

— Mussolini.

Étonnement des convives. Personne n'attendait cette réponse. Soames, tout aussi interloqué, lui demande :

— Mussolini ! Pourquoi donc Mussolini, cher beau-père ?

— Parce qu'il a fait fusiller son gendre !

Vacherie

J'aime mieux les méchants
que les imbéciles,
parce qu'ils se reposent.

Alexandre Dumas

Le général de Gaulle ne pardonna jamais tout à fait au général Juin de ne pas avoir rallié la France Libre dès 1940 mais d'avoir attendu 1942 pour se décider. À Jean-Raymond Tournoux qui lui demandait innocemment :

— Mon général, que pensez-vous du général Juin ?

De Gaulle répondit, goguenard :

— Juin ? De quelle année ?

Une dame fort laide, minaude
devant Groucho Marx :
— Ah, que j'aime la nature !
Alors Groucho, dans
un soupir :
— Vous avez bien du mérite,
chère madame, après tout
ce qu'elle vous a fait !

Après avoir commencé sa carrière sous le stéréotype des cantatrices bien en chair, Maria Callas suivit un régime sévère qui la rendit longiligne. C'était l'époque où l'étoile de sa jeune héritière et néanmoins rivale, Montserrat Caballé, commençait à monter.

— Comment fais-tu, Maria, pour être si mince ? lui demande un admirateur.

— Grâce à la gymnastique. Chaque matin, je cours en faisant dix fois le tour de la Caballé.

Alfred de Musset et l'actrice Augustine Brohan
entretenaient une liaison plus amicale que physique.
À l'actrice qui l'interroge :

— Est-il vrai, monsieur Musset, que vous vous êtes
vanté d'avoir couché avec moi ?

Le poète, peu délicat en l'espèce, répond :

— Au contraire : je me vante partout de ne l'avoir
pas fait !

Cela n'empêchait pas la jalousie.

Après une dispute, Alfred de Musset menace
Augustine d'aller chercher la compagnie
d'une autre comédienne :

— Je vous quitte, je vais chez Rachel !

Et la belle Augustine, certaine, cette fois, de tenir sa
revanche en songeant à sa rivale anémiée par la phtisie :

— C'est vrai, nous sommes vendredi. Mais j'ignorais
que vous fissiez maigre.

Clemenceau vient d'écouter un jeune parlementaire talentueux. Il le félicite à la fin de la séance :

— Beau début de carrière, jeune homme. Venez sur mon cœur.

Réponse du député :

— J'en serais flatté monsieur le Président, mais j'ai horreur du vide !

Le prince de Conti était réputé pour sa laideur. Sa femme l'était pour son esprit. À la veille d'un voyage, le prince prévient son épouse, sur le ton de la plaisanterie :

— Madame, je vous recommande de ne pas me tromper pendant mon absence.

— Monsieur, vous pouvez partir tranquille ; je n'ai envie de vous tromper que lorsque je vous vois.

L'écrivain Claude de Rulhière avait été un familier de la cour de Pierre III de Russie en sa qualité de secrétaire du baron de Breteuil, ministre de France à Petersbourg. De ce fait, il sera aux premières loges pour assister à la révolution de palais qui permit à Catherine de prendre le pouvoir après avoir fait assassiner son mari. Rulhière, de retour en France, écrivit un recueil d'anecdotes sur la « révolution » de Russie en 1762. L'ouvrage n'est pas tendre pour la tsarine, qui jouit d'une très haute réputation dans les milieux intellectuels parisiens. Lors d'un souper où se trouve Chamfort, Rulhière se plaint de ceux qui veulent le faire passer pour un méchant :

— Sur mon honneur, je suis le meilleur des hommes. J'ai beau fouiller dans ma conscience, je n'y trouve qu'une seule méchanceté.

— Soit ! mais quand donc finira-t-elle ? s'enquit Chamfort.

Madame Béatrice Bretty, sociétaire de la Comédie-Française, était connue pour sa gourmandise et son formidable appétit. On l'avait d'ailleurs surnommée « La Bretty vient en mangeant ». Son embonpoint était égal à son immense talent.

Un spectateur s'enquérant auprès de Robert Manuel de l'identité de « cette dame qui vient d'entrer dans le foyer du théâtre », le comédien répondit :

— C'est madame Bretty…

— Ah ! fit le spectateur, admiratif. Et derrière elle ?

— C'est encore madame Bretty…

Mademoiselle Beaumenard, de la Comédie-Française, reçoit d'un fermier général — un de ses nombreux admirateurs — une magnifique rivière de diamants qu'elle ne manque pas d'exhiber le soir même.

Une comédienne de ses amies lui faisant remarquer que la rivière descend un peu trop bas, la cantatrice Sophie Arnould, qui passe à ses côtés, ne peut s'empêcher de lancer :

— C'est qu'elle retourne à sa source !

Albrecht von Haller était un austère médecin bernois, fameux pour son immense érudition. Voltaire ne manquait jamais une occasion d'ironiser à son propos. Mais dans l'intimité. Car, réfugié à Genève, il avait besoin de son appui. De bons amis s'empressaient de rendre publics les propos privés. Sans réaction de la part du savant.

— Puisqu'il est en ville, pourquoi n'allez-vous pas lui rendre la monnaie de sa pièce ? finit par lui demander l'un des « bons amis ».

— C'est que si monsieur de Voltaire est un homme qui mérite d'être connu, bien des gens, malgré les lois de la physique, l'ont trouvé plus grand de loin que de près.

Toujours à la recherche de la dispute, les mêmes bons amis courent alors chez Voltaire pour l'exciter contre Haller.

— Comment pouvez-vous dire tant de bien de Haller alors qu'il dit tant de mal de vous ?

— Ah ! s'écria Voltaire, c'est probablement parce que nous nous trompons tous les deux.

Selon la légende, Louis XVIII, de retour à Paris après son long exil, aurait déclaré à Talleyrand venu l'accueillir : « rien n'est changé en France, il n'y a qu'un Français de plus ». Légende, car le mot revient au comte Beugnot, qui le fit mettre par la presse du temps dans l'auguste bouche pour donner quelque modestie à l'entrée royale. Il n'importe, la formule plut beaucoup aux contemporains. À la mort du prince-diplomate, vingt-quatre ans plus tard, Vigny s'en fit l'écho en écrivant dans son *Journal* au 20 mai 1838 :

« Monsieur de Talleyrand est mort. Il n'y a en France qu'un malhonnête homme de moins. »

Comme si cela ne suffisait pas, et pour
donner à Talleyrand une fin digne
de lui, le journaliste et historien
Louis Blanc l'a fait mourir sous le coup
d'un mot volé qu'il place dans
son *Histoire de dix ans*.
Il invente que Louis-Philippe,
venu le voir sur son lit d'agonie,
lui demanda s'il souffrait :
— Oui Sire, aurait répondu le
moribond, oui, comme un damné !
— Déjà ? aurait alors murmuré le roi.

Voltaire avait tiré l'abbé Desfontaines
d'une sombre affaire de mœurs. En guise
de remerciement, celui-ci ne cessa
d'attaquer son bienfaiteur dans d'indignes
écrits polémiques.

Intrigué par une telle ingratitude et résolu
à percer le secret de tant d'invectives,
le marquis René-Louis d'Argenson, ami
de Voltaire, convoqua Desfontaines.
L'abbé diffamateur finit par avouer :

— Monseigneur, il faut bien que je vive…

— Franchement, répondit d'Argenson,
je n'en vois pas la nécessité !

Bien que la version du *Soulier de satin*
jouée à la Comédie-Française en 1943
par Jean-Louis Barrault fût diminuée
de moitié par rapport à la version
intégrale, elle sembla encore interminable
à certains. Dont Jean Cocteau.
— Qu'en avez-vous pensé, Maître ? lui
demanda son voisin de fauteuil.

— Qu'il est bien heureux que
nous n'ayons pas eu la paire !

Recevoir des manuscrits et devoir donner son avis fait partie des inconvénients que subissent tous ceux qui évoluent dans le monde littéraire. Au XIXᵉ siècle, l'antiquisant Auguste Romieu sut trouver la parade. Il reçut un jour un manuscrit accompagné du billet suivant :

« Monsieur, je vous adresse un vaudeville que je vous prie de lire avec la plus grande attention ; j'accepte à l'avance les changements que vous croirez devoir y faire. Seulement, je dois vous dire que je suis très chatouilleux sur le chapitre des observations. »

« Monsieur, s'exécuta Romieu, j'ai lu votre manuscrit avec — comme vous me le demandiez — la plus grande attention : je vous laisse le choix des armes. »

Un avocat débordé — et prétentieux —
rencontre dans les couloirs du Palais
un confrère avocat en mal de clientèle :
— Mon pauvre vieux, je n'y arrive pas :
à 14 heures, j'ai une instruction
chez X ; à 15 h 30, une autre
instruction chez Y ; à 17 heures,
une troisième instruction chez Z.

— C'est étrange qu'avec tant
d'instructions tu aies si peu
d'éducation !

Le jour des obsèques de Jules Berry — connu pour son incapacité à retenir le moindre texte par cœur —, pendant l'oraison funèbre, Yves Mirande, qui avait dialogué deux de ses films, *Café de Paris* et *Baccara*, entend murmurer à son oreille par un de ses voisins :

— Ne trouvez-vous pas ce dithyrambe un peu excessif ?

Et Mirande d'observer :

— Que voulez-vous, c'est bien la première fois qu'on honore sa mémoire !

On s'interrogeait sur l'âge exact d'une illustre sociétaire du Français.

— Cinquante ans ? avança quelqu'un.

— Plus les matinées, précisa Robert Hirsch.

Topaze, de Marcel Pagnol, connut un extraordinaire succès. Chacun cherchait à s'en approprier le mérite. À ce jeu, le créateur du rôle titre, André Lefaur, et l'acteur Pauley, qui jouait Castel-Bénac, en vinrent à se détester. Arrivant un soir au théâtre, Lefaur voit une longue file d'attente devant le bureau de location. Il croise ensuite un contrôleur, qui lui dit :

— Monsieur Pauley est souffrant, il ne pourra pas jouer ce soir.

Alors Lefaur désigne du doigt la file d'attente :

— Voyez, ça se sait déjà !

— Monsieur Disraeli, quelle différence
faites-vous entre un malheur et une
catastrophe ? demanda un jour la reine
Victoria à son Premier ministre.

— C'est très simple,
madame : Gladstone
tombe dans la Tamise…
c'est un malheur.
On le repêche…
c'est une catastrophe.

En 1807, Napoléon songeait à se débarrasser de Talleyrand comme ministre des Relations extérieures. Il voulait y mettre les formes. Mais Talleyrand avait été comblé de titres et de prébendes. L'empereur trouva quand même à en rajouter un : il le fit vice-Grand Électeur, aux côtés de son frère Joseph Bonaparte, lui-même Grand Électeur.

— Monsieur Fouché, vous qui savez tout, saviez-vous que l'Empereur a l'intention de nommer Talleyrand vice-Grand Électeur de l'Empire ? demanda un visiteur au tout-puissant ministre de la Police.

— Oui, je le sais, et c'est même le seul vice qui lui manquait !

Dumas-fils envoie à Madeleine
Brohan des billets de loge pour
la première d'une de ses pièces.
Comme la loge est mal placée,
il y joint un mot d'excuses :
— Ne m'en veuillez pas, on fait ce
qu'on peut et non ce qu'on veut.
Réponse du lendemain :
— J'ai vu votre pièce. Je suis bien
de votre avis.

À l'issue d'un repas donné en l'honneur du grand critique gastronomique Curnonsky, celle qui fut deux heures durant sa voisine de table l'interroge :
— Comment avez-vous trouvé le dîner ?

Réponse bougonne de l'expert :
— Voyez-vous, si le potage avait été aussi chaud que le vin, le vin aussi vieux que la poularde et la poularde aussi grasse que la maîtresse de maison, cela eût été à peu près convenable.

— Êtes-vous déjà allé à Bayreuth ?
demande-t-on à Woody Allen.
— Absolument pas. D'ailleurs
c'est mieux ainsi parce que

chaque fois que
j'entends du Wagner,
j'ai envie d'envahir
la Pologne !

— Tu as aimé sa pièce ?
demande un confrère
à Marcel Achard.

— Non, pas beaucoup.
Il faut dire que je l'ai vue
dans de mauvaises
conditions : le rideau
était levé.

Félix Galipaux fut l'un
des grands acteurs comiques
de la Belle Époque…

— C'est curieux, s'interrogeait
Edmond de Goncourt, vous
si drôle à la ville, vous êtes
sinistre dans ma pièce.

— C'est qu'à la ville le texte
est de moi.

Le duc de Marlborough, celui de
la chanson, sent venir sa fin prochaine.
Il refuse le médicament que lui propose
son médecin.

— Que diable, monsieur, s'exclame
la duchesse, buvez donc ce breuvage,
et que je sois pendue s'il ne vous
guérit pas !

Alors, le médecin, au creux de l'oreille
du malade :

— De toute façon, Monseigneur, vous
y gagnerez !

Siegfried est représenté à l'Opéra de Paris en 1901 et provoque un mouvement d'enthousiasme inversement proportionnel à la froideur de la réception des premières œuvres wagnériennes en France. Massenet, en particulier, s'extasie devant le compositeur Reyer :

— Wagner, quel génie sublime ! Qui pourra jamais se comparer à lui ? Ah ! si seulement je pouvais lui arriver… à la cheville !

— Mais, vous y êtes, cher Maître, susurra Reyer.

New York sous la neige. Sortie de concert à Carnegie Hall. Accablés, Bob Hope et l'une de ses amies commentent le récital.

— Survivrons-nous à cette épreuve douloureuse ?

Bob Hope soupire :

— Je n'en sais rien ; mais ce que je peux te dire, c'est qu'après le premier quart d'heure, j'ai vu Steinway en personne se lever pour rayer son nom du piano !

Devant Georges Feydeau, on évoque
la personnalité d'une belle actrice.
L'un des convives prend la parole :

— Cette jeune femme
respire la vertu.
Exclamation de Feydeau :
— Oui, mais elle
s'essouffle vite…

Un auteur médiocre s'adresse avec emphase à Saint-Évremond :

— Je voudrais travailler à un ouvrage auquel personne n'aurait travaillé et ne travaillera jamais.

Saint-Évremond, du tac au tac :

— Eh bien, travaillez à votre éloge, monsieur !

Ce garçon est si timide
qu'il est toujours dans
les jupes de sa mère,
confia l'un de ses amis
à Georges Feydeau.
— Tant mieux, répliqua
Feydeau, il s'y fera
des relations !

Échange prémonitoire entre Charles X
et Talleyrand :

— Un roi qu'on menace n'a de choix
qu'entre le trône et l'échafaud.

Gardant quelques souvenirs des départs
précipités de Louis XVI pour Varennes
et de Louis XVIII pour Gand, Talleyrand
signala simplement :

— Sire, Votre Majesté oublie la chaise
de poste…

Winston Churchill, qui n'est plus Premier ministre,
participe à une soirée mondaine. L'un de ses
adversaires politiques feint de ne pas le reconnaître
et de le prendre pour un maître d'hôtel :

— Pardon, mon brave, où se trouvent
les toilettes s'il vous plaît ?

Impassible devant l'outrage, Churchill
le renseigne :

— C'est enfantin. Première à droite,
deuxième à gauche. Montez trois
marches, deuxième porte à gauche.
Là, au-dessus de la porte, vous trouverez
la mention « gentlemen »… et vous
entrez quand même.

Muflerie

Dire que j'ai gâché des années de ma vie,
que j'ai voulu mourir (…)
pour une femme qui ne me plaisait pas,
qui n'était pas mon genre.

Marcel Proust

Née en 1873, l'actrice Cécile Sorel a passé
de nombreuses années au service
de la Comédie-Française lorsque
s'annonce la débâcle française de 1940
et l'approche de l'armée allemande.

— Les Allemands dans Paris ?
Ils me passeront d'abord sur le
corps ! s'étrangle la comédienne
dans un sursaut patriotique.

— Je crains qu'ils ne préfèrent
contourner l'obstacle, fait
observer un assistant à mi-voix.

Rien, ni les titres, ni les convenances, ne préservait des traits de Rivarol. À une vieille coquette qui l'interroge imprudemment :

— Monsieur de Rivarol, combien d'années me donnez-vous ?

— Pourquoi vous en donnerais-je, madame ? N'en avez-vous donc pas assez ?

La Grande-Bretagne fut la terre d'élection des suffragettes. L'une de ces féministes enragées interrompit, un jour, Winston Churchill au beau milieu d'un discours et lui lança :

— Si j'étais votre épouse, je mettrais du poison dans votre thé.

Riposte instantanée de Churchill :

— Eh bien moi, madame, si j'étais votre mari, je le boirais !

L'abbé Guillaume Dubois fut le précepteur de Philippe
de Chartres, futur duc d'Orléans. Devenu régent à la mort
de Louis XIV, Philippe fera de l'abbé son Premier ministre.
Travailleur infatigable, gratifié du chapeau de cardinal
en 1721, Dubois manifeste souvent une humeur brusque et,
parfois même, des pointes de vivacité gaillarde. La princesse
de Montauban-Bautru vient, un beau matin, dans son bureau
afin de solliciter pour son neveu un emploi vacant.
Le cardinal-ministre répond que l'emploi est déjà attribué.
Madame de Montauban insiste si lourdement que
l'Éminence, impatientée, s'écrie :
— Madame, laissez-moi à mes dossiers et allez vous faire
foutre !
La princesse, outragée, va alors se plaindre auprès du régent :
— Il est plutôt étrange votre cardinal ! Il m'a dit d'aller me
faire foutre !
— Ma chère amie, lui répond le régent avec malice, il est vrai
que Dubois est parfois un peu vif ! Mais il est souvent de bon
conseil...

La duchesse de Choiseul et son mari n'avaient pas la même conception de l'amour.

Si l'épouse était davantage portée sur l'action, le mari, lui, préférait la lecture, sans toutefois négliger d'autres belles femmes. La duchesse en prend ombrage :

— Je voudrais être un livre, ce serait ma seule chance d'être feuilletée par vous tous les soirs.

— Je vous préférerais en almanach, ma chère ! J'en pourrais changer tous les ans.

Libertinage

Trop de libertinage dans la jeunesse
dessèche le cœur, et trop de continence
engorge l'esprit.

Charles Augustin Sainte-Beuve

Au cours d'un dîner de gala interminable, Edgar Faure observe longuement une jolie femme. Troublée, celle-ci lui demande :

— Cher Président, pourquoi me dévisagez-vous ainsi ?

Réponse d'Edgar Faure, avec son zozotement légendaire :

— Madame, je ne vous dévisage pas, je vous envisage.

Cécile Sorel n'aimait pas seulement descendre
le grand escalier du Casino de Paris pour faire
la nique à Mistinguett en lui demandant si elle
l'avait bien descendu ; elle aimait aussi monter
dans son lit pour y recevoir ses nombreux
amants. Pour que celui-ci ait tout le lustre
souhaité, elle n'hésita pas à en acheter un
qui avait appartenu à la Du Barry.

— Tu ne le trouves pas un peu grand ? lui
demandait une amie.

— Cela dépend, répondit celle qui incarna pour
des générations la coquette « Célimène... »,
cela dépend si l'on compte recevoir.

Alfred de Musset est amoureux de George Sand. Il lui écrit un poème dont il convient de retenir le premier mot de chaque vers pour en comprendre le sens caché :

« **Quand** je mets à vos pieds un éternel hommage
Voulez-vous qu'un instant je change de visage ?
Vous avez capturé les sentiments d'un cœur
Que, pour vous adorer, forma le Créateur.
Je vous chéris, amour, et ma plume en délire
Couche sur le papier ce que je n'ose vous dire…
Avec soin, de mes vers, lisez les premiers mots
Vous saurez quel remède apporter à mes maux. »

George Sand lui répond brièvement sur le même mode :

« **Cette** insigne faveur, que notre cœur réclame
Nuit à ma renommée et répugne à mon âme. »

On peut être poète mais rester concret…

Fontenelle, à quatre-vingt dix ans,
courtisait encore le beau sexe,
du moins dans la limite de ses
possibilités. Il lui arriva de coincer
d'un peu trop près une charmante
jeune fille dans un escalier.

— Ah ! Monsieur de Fontenelle,
s'écria la jolie personne, reculez
d'un pas ou je hurle !

— Hurlez, hurlez mademoiselle,
répondit l'auteur des *Lettres galantes*,
cela nous fera honneur à tous les deux !

Nicolas Beauzée ne s'effaçait devant personne en matière d'autorité langagière. Il écrivit les 135 articles relatifs à la grammaire dans l'encyclopédie de Diderot. Ce qui lui valut ce compliment de Rivarol :

« C'est un bien honnête homme qui passe sa vie entre le supin et le gérondif. »

C'était vrai. Mais madame Beauzée, dont la grammaire française n'arrivait pas à satisfaire le « tempérament », avait une liaison avec un maître, de langue allemande. Son mari les surprend ensemble alors qu'il revient de l'Académie.

— Quand je vous disais qu'il était temps que je m'en aille, fait remarquer l'Allemand, un peu gêné, à madame Beauzée.

— Que je m'en allasse, monsieur, le reprit Nicolas Beauzée en refermant la porte.

Modestie

La fausse modestie, c'est mieux
que pas de modestie du tout.

Jules Renard

L'avarice de Picasso est légendaire. Un soir, il invite une douzaine d'amis à la *Colombe d'Or*. Quand le maître d'hôtel lui apporte l'addition, Picasso fait un petit dessin sur la note au lieu de payer. Tout joyeux, le maître d'hôtel emporte le dessin à l'office. Quelques minutes plus tard, il revient et dit :

— Maître, pardonnez-moi, votre dessin n'est pas signé.

Picasso réplique, impérial :

— Jeune homme, je veux bien inviter des amis à dîner mais je n'ai pas dit que j'achetais le restaurant.

La poétesse Anna de Noailles fut
la première femme à recevoir la cravate
de commandeur de la Légion d'honneur.
Une distinction qu'elle accueillit avec
fierté mais sans étonnement excessif,
tant elle était persuadée de son génie.
Un de ses admirateurs croit avoir mis
la barre assez haut en la félicitant :
— Au XIXe siècle, vous auriez eu votre place
entre Victor Hugo et Michelet.
— Merci, cher ami, merci d'avoir songé
à Michelet, que l'on oublie trop souvent.

On interviewe l'actrice Zsa Zsa Gabor :

— Combien avez-vous eu de maris ?

— En comptant le mien ?

Raimu était monumental dans tous
les sens du terme. Et notamment quant
à son ego, qu'il avait hypertrophié.
— Écoute, Jules, lui dit un jour Marcel
Pagnol, tu commences à nous fatiguer avec
tes airs de te prendre tantôt pour Talma,
tantôt pour Mounet-Sully, quand ce n'est
pas Napoléon ! Tu ne pourrais pas, une
bonne fois, te prendre tout simplement
pour Raimu ?
— J'oserais jamais.

Une dame âgée s'approche d'Henry Kissinger, du temps où celui-ci était le grand manitou, conseiller et secrétaire d'État du président Nixon.

— Merci, merci, docteur Kissinger, de sauver chaque jour la paix du monde, lui lance la douairière avec un brin d'emphase.

— Oh, vous savez, lui répond Kissinger avec beaucoup de naturel, je n'ai rien fait d'autre que ce que n'importe quel génie aurait fait à ma place.

Derniers mots

Mort à jamais ? Qui peut le dire ?

Marcel Proust

La guillotine suscita bien des vocations involontaires d'hommes d'esprit. Ainsi du condamné qui trébuche en montant à l'échafaud et qui s'écrie :
« Décidément » !

Celui qui interroge :
— Quel jour sommes-nous ?
— Lundi, lui répond le bourreau.
— Encore une semaine qui commence bien !

Ou celui qui a un sursaut en apercevant la guillotine :
— Aurais-tu peur ? lui demande le bourreau.
— C'est pas que j'aie peur, mais j'me méfie…

Sans omettre celui qui, ayant, lui, bel et bien peur, se débat pour ne pas monter à l'échafaud et auquel, paternel, le bourreau conseille :
« Allons, n'aggravez pas votre cas. »

François, comte de Montmorency-Bouteville,
coupable de s'être battu malgré l'édit
de Louis XIII contre les duels, fut conduit
au billot en 1627. Le bourreau, un débutant
nerveux, lui dit :

— Tenez-vous bien, monsieur le comte,
c'est la première fois que cela m'arrive !

— Imbécile ! Crois-tu que c'est la seconde
fois que cela m'arrive à moi ?

Un des plus jolis traits confine à l'épure puisqu'il ne s'appuie sur aucune repartie. Il est dû au duc de Charost. L'aristocrate lisait un ouvrage savant dans la charrette qui le conduisait à l'échafaud, indifférent aux cris vengeurs de la foule. Au moment où les aides bourreaux allaient se saisir de lui, il les regarda sans haine, déjà ailleurs. Puis il corna soigneusement la page de son livre…

Index

Remerciements

Tous nos remerciements, d'abord, à Myrtille Chareyre, qui a « sculpté »
ce livre avec tant de talent.

Tous nos remerciements, chaleureux et sincères, à Antoine Cassan.

Tous nos remerciements, tout aussi chaleureux, à Jean-Philippe
Rossignol.

Et un petit mot spécialement affectueux à Anne-Marie Grand, qui a saisi
ce texte à d'innombrables reprises — toujours dans la bonne humeur — et
dont les commentaires nous furent précieux.

Mille fois merci, enfin, à François Léotard. De nos promenades amicales
le long de la Seine naquirent plusieurs des reparties que l'on trouvera
dans ce livre .

L'éditeur remercie la régie costumes de la Comédie-Française pour son
aide précieuse.

Conception graphique et réalisation : Stéphanie Le Bihan
Conception de la couverture : Anne Pelseneer

Éditions Albin Michel
22, rue Huyghens, 75014 Paris
www.albin-michel.fr

ISBN : 2-226-17511-3
Impression : Bussière
N° d'édition : 24731

N° d'impression : 063773/4
Dépôt légal : novembre 2006
Imprimé en France